Rechtswörterbuch

Herausgegeben von

Prof. Dr. Klaus Weber
Rechtsanwalt, Augsburg
Honorarprofessor an der Universität Augsburg

24., neu bearbeitete Auflage 2022

– Anhang –

C.H.BECK

www.beck.de

ISBN 978 3 406 77572 7

Wilhelmstraße 9, 80801 München
Satz, Druck und Bindung: Druckerei C. H. Beck Nördlingen
(Adresse wie Verlag)

Umschlaggestaltung: Druckerei C. H. Beck Nördlingen

CO_2 neutral
chbeck.de/nachhaltig

Gedruckt auf säurefreiem, alterungsbeständigem Papier
(hergestellt aus chlorfrei gebleichtem Zellstoff)

Anhang

Übersicht

A. Sachgebiete des Rechts und die wichtigsten Gesetzeswerke

I. Vorbemerkung

Das in Deutschland geltende Recht ist im Gegensatz zum angelsächsischen Recht (→ case-law; → Common law) kodifiziertes Recht (→ Kodifikation). Jede Rechtsregel ergibt sich letztlich aus einem Rechtssatz in einem Gesetzeswerk (lateinisch: codex). Die Rechtsprechung führt ihre Entscheidungen stets auf einen solchen Rechtssatz zurück, selbst wenn dieser sehr allgemein und unbestimmt (→ Unbestimmte Rechtsbegriffe) gefasst ist, zB Art. 1 GG („Die Würde des Menschen ist unantastbar.") oder § 242 BGB („Der Schuldner ist verpflichtet, die Leistung so zu bewirken, wie Treu und Glauben mit Rücksicht auf die Verkehrssitte es erfordern."). Auch wenn unbestimmte Rechtsbegriffe durch eine Vielzahl von Gerichtsentscheidungen konkretisiert und präzisiert werden (→ Kasuistik), wird die Rechtsordnung dadurch nicht zum case law, denn am Beginn jeder Argumentation steht immer eine Rechtsnorm aus einem Gesetzeswerk.

Will man die bestehenden Gesetzeswerke systematisch ordnen, so gibt es hierfür drei Möglichkeiten:

- Systematisierung nach dem Normgeber,
- Systematisierung nach der geregelten Rechtsmaterie und
- Systematisierung nach dem geregelten Lebenssachverhalt

1. Systematisierung nach dem Normgeber

Gesetzeswerke mit unmittelbarer Wirkung für jedes → Rechtssubjekt (jeder Mensch und jede → Juristische Person) können auf drei Ebenen erlassen werden (sa → Gesetz, 6):

- Europäische Verträge und Verordnungen und der → Europäischen Union
- Gesetze des → Bundes
- Gesetze der → Länder

Bei den Gesetzen des Bundes und der Länder wird noch nach vom Parlament beschlossenen Gesetzen (Gesetze im formellen Sinn; → Gesetz, 2) und nach von Organen der Exekutive erlassenen Rechtsnormen (Gesetze im materiellen Sinn, → Gesetz, 3) unterschieden; Gesetzeswerke mit unmittelbarer Wirkung für jedes Rechtssubjekt sind dabei stets auch → Gesetze im materiellen Sinn.

Das → Völkerrecht beweg sich außerhalb dieser Hierarchie. Es wird erst durch ein Gesetz zum Recht der Europäischen Union, des Bundes oder in Ausnahmefällen auch eines Landes (letzteres zB bei → Kirchenverträgen).

Das Kirchenrecht liegt außerhalb dieser Systematik, soweit es sich nicht um → Staatskirchenrecht (sa → Kirchenverträge), sondern um die eigene Rechtsordnung der Kirchen handelt. Gleiches gilt für das Recht anderer → Religionsgemeinschaften (zB → Islamisches Recht). Auch ausländisches Recht bewegt sich außerhalb dieses Schemas.

2. Systematisierung nach der geregelten Rechtsmaterie (Sachgebiete des Rechts)

Die klassische Systematisierung nach Rechtsmaterien orientiert sich an der Grobeinteilung → Privatrecht, öffentliches Recht und Strafrecht, wobei das Strafrecht Teil des öffentlichen Rechts ist (sa → Recht, 2). Daraus ergibt sich die folgende Grobeinteilung:

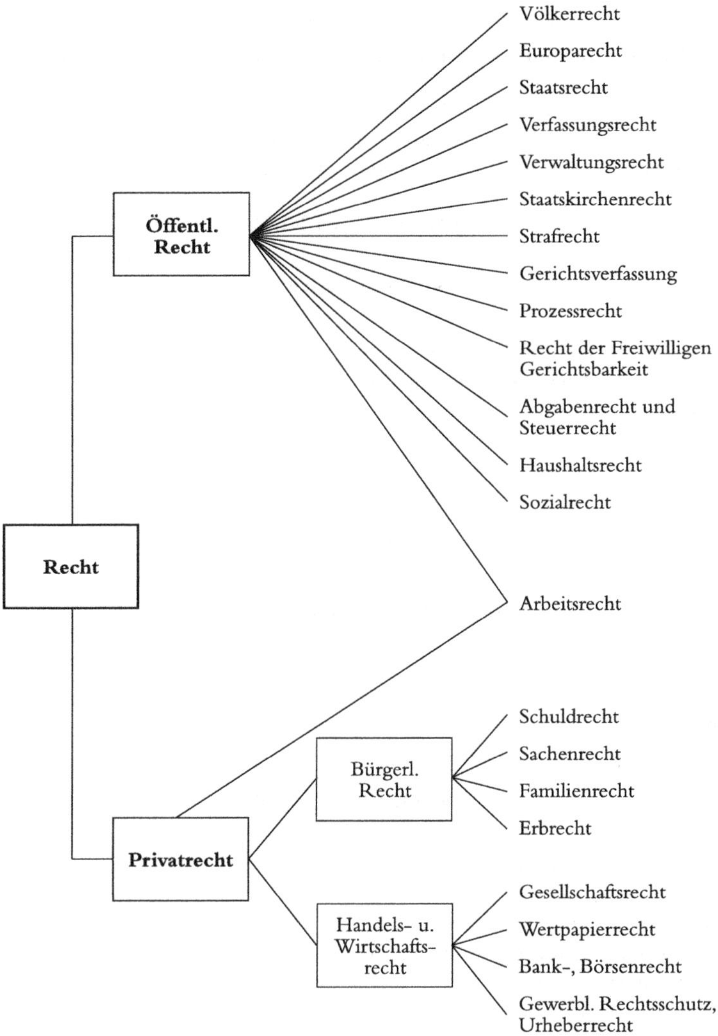

Auf jeder Ebene der Normsetzung kann es Regelungen jeder der genannten Rechtsmaterien geben. Auf allen Ebenen nehmen Gesetzeswerke mit Verfassungsrang (→ Verfassung) eine besonderen Platz ein; Gesetzeswerke mit Verfassungsrang enthalten als Teil des öffentlichen Rechts die grundlegenden staatsorganisatorischen Vorschriften und einen Grundrechtskatalog mit Individualgrundrechten (→ Grundrechte).

3. Systematisierung nach dem geregelten Lebenssachverhalt

Dieses Ordnungsprinzip fasst die zu einem bestimmten Lebenssachverhalt gehörenden Gesetzeswerke ohne Rücksicht auf die Rechtsmaterie zusammen. So finden sich im Baurecht öffentlich-rechtliche Gesetzeswerke (→ Bauplanungsrecht, → Bauordnungsrecht) und privatrechtliche Gesetzeswerke (→ Bauvertrag). Im Straßenverkehrsrecht gibt es öffentlich-rechtliche, insbesondere aber auch strafrechtliche und privatrechtliche Regelungen.

II. Die wichtigsten Gesetzeswerke

Die folgende **Auflistung der wichtigsten Gesetzeswerke** orientiert sich an den geregelten Rechtsmaterien und differenziert innerhalb der Rechtsmaterien nach dem Normgeber. Soweit ein Gesetzeswerk mehrere Rechtsmaterien betrifft, entscheidet der Schwerpunkt der Regelungen dieses Gesetzeswerks über die Einordnung. Einen Lebenssachverhalt betreffende Gesetzwerke werden innerhalb dieser Systematik zusammengruppiert.

Öffentliches Recht

Verfassungsrecht

EU

Vertrag über die Europäische Union

Vertrag über die Arbeitsweise der Europäischen Union

Bund

Grundgesetz

Länder

Verfassungen der Länder

Haushaltsrecht

EU

Verordnung über die Haushaltsordnung für den Gesamthaushalt der Union

Bund

Bundeshaushaltsordnung

Haushaltsgrundsätzegesetz

Länder

Haushaltsordnungen der Länder

Verwaltungsrecht

Bund

Verwaltungsverfahrensgesetz

Verwaltungszustellungsgesetz

Verwaltungs-Vollstreckungsgesetz

Gesetz über den unmittelbaren Zwang bei Ausübung öffentlicher Gewalt durch Vollzugsbeamte des Bundes

Beamtenstatusgesetz

Bundesbeamtengesetz

Beamtenversorgungsgesetz

Bundesbesoldungsgesetz

Bundesdisziplinargesetz

Bundespersonalvertretungsgesetz

Deutsches Richtergesetz

Bundespolizeigesetz

Bundeskriminalamtgesetz

Bundesverfassungsschutzgesetz

Bundesnachrichtendienstgesetz

Passgesetz

Personalausweisgesetz

Bundesmeldegesetz

Gentechnikgesetz
Arzneimittelgesetz
Betäubungsmittelgesetz
Transplantationsgesetz
Infektionsschutzgesetz
Naturschutzgesetz
Umweltinformationsgesetz
Bundesimmissionsschutzgesetz
Kreislaufwirtschaftsgesetz
Bundesbodenschutzgesetz
Baugesetzbuch
Baunutzungsverordnung
Raumordnungsgesetz
Bundesfernstraßengesetz
Straßenverkehrsgesetz
Straßenverkehrsordnung
Fahrerlaubnisverordnung
Jugendschutzgesetz
Vereinsgesetz
Versammlungsgesetz
Freizügigkeitsgesetz (EU)
Aufenthaltsgesetz
Asylgesetz
Wehrpflichtgesetz
Bundesfreiwilligendienstgesetz
Waffengesetz
Sprengstoffgesetz
Bundesjagdgesetz
Länder
Kommunalgesetze der Länder
Polizeigesetze der Länder
Beamtengesetze der Länder
Beamtenversorgungsgesetze der Länder
Besoldungsgesetze der Länder
Personalvertretungsgesetze der Länder
Richtergesetze der Länder
Bauordnungen der Länder
Schulgesetze der Länder
Hochschulgesetze der Länder

Wirtschaftsverwaltungsrecht

Bund
Gewerbeordnung
Produktsicherheitsgesetz
Gaststättengesetz
Handwerksordnung
Gesetz über die Bundesnetzagentur für Elektrizität, Gas, Telekommunikation, Post und Eisenbahnen
Telekommunikationsgesetz

Telemediengesetz
Energiewirtschaftsgesetz
Energieeinsparungsgesetz
Erneuerbare-Energien-Gesetz
Kraft-Wärme-Kopplungsgesetz
Personenbeförderungsgesetz
Güterkraftverkehrsgesetz
Bundeswasserstraßengesetz
Luftverkehrsgesetz
Luftsicherheitsgesetz
Atomgesetz
Strahlenschutzvorsorgegesetz
Kreditwesengesetz
Kapitalanlagegesetzbuch
Wertpapierhandelsgesetz
Lebensmittel- und Futtermittelgesetzbuch
Verbraucherinformationsgesetz
Pflanzenschutzgesetz
Tiergesundheitsgesetz
Tierschutzgesetz

Datenschutzrecht
EU
Datenschutzgrundverordnung
Bund
Bundesdatenschutzgesetz
Länder
Datenschutzgesetze der Länder

Staatskirchenrecht
Länder
Konkordate und Kirchenverträge der Länder

Strafrecht
Bund
Strafgesetzbuch
Gesetz über Ordnungswidrigkeiten
Jugendgerichtsgesetz
Strafvollzugsgesetz
Länder
Strafvollzugsgesetze der Länder

Gerichtsverfassung, Prozessrecht, Recht der freiwilligen Gerichtsbarkeit
Bund
Gerichtsverfassungsgesetz
Zivilprozessordnung
Gesetz über das Verfahren in Familiensachen und in den Angelegenheiten der freiwilligen Gerichtsbarkeit
Beurkundungsgesetz
Grundbuchordnung
Spruchverfahrensgesetz

Kapitalanleger-Musterverfahrensgesetz
Musterfeststellungsklagengesetz
Strafprozessordnung
Verwaltungsgerichtsordnung
Arbeitsgerichtsgesetz
Sozialgerichtsgesetz
Finanzgerichtsordnung
Insolvenzordnung
Zwangsversteigerungsgesetz
Gerichtskostengesetz
Gesetz über Gerichtskosten in Familiensachen
Gesetz über Kosten der freiwilligen Gerichtsbarkeit für Gerichte und Notare
Bundesnotarordnung
Bundesrechtsanwaltsordnung
Rechtsanwaltsvergütungsgesetz

Länder

Ausführungsgesetze der Länder (insbesondere zu den örtlichen Zuständigkeiten)

Abgabenrecht und Steuerrecht

Bund

Abgabenordnung
Einkommensteuergesetz
Grunderwerbsteuergesetz
Grundsteuergesetz
Erbschaftsteuer- und Schenkungsteuergesetz
Umsatzsteuergesetz
Körperschaftsteuergesetz
Umwandlungsteuergesetz
Gewerbesteuergesetz
Mineralölsteuergesetz

Länder

Kommunalabgabengesetze der Länder

Sozialrecht

Bund

Sozialgesetzbuch

- SGB I Allgemeiner Teil
- SGB II Grundsicherung für Arbeitssuchende
- SGB III Arbeitsförderung
- SGB IV Gemeinsame Vorschriften für die Sozialversicherung
- SGB V Gesetzliche Krankenversicherung
- SGB VI Gesetzliche Rentenversicherung
- SGB VII Gesetzliche Unfallversicherung
- SGB VIII Kinder- und Jugendhilfe
- SGB IX Rehabilitation und Teilhabe von Menschen mit Behinderung
- SGB X Verwaltungsverfahren
- SGB XI Soziale Pflegeversicherung
- SGB XII Sozialhilfe

Wohngeldgesetz

Heimgesetz
Bundesausbildungsförderungsgesetz
Gesetz über die Alterssicherung der Landwirte
Gesetz über die Krankenversicherung der Landwirte

Arbeitsrecht

Mindestlohngesetz
Kündigungsschutzgesetz
Tarifvertragsgesetz
Betriebsverfassungsgesetz
Mitbestimmungsgesetz
Teilzeit- und Befristungsgesetz
Mutterschutzgesetz
Bundeselterngeld- und Elternzeitgesetz
Pflegezeitgesetz
Arbeitszeitgesetz
Bundesurlaubsgesetz
Entgeltfortzahlungsgesetz
Arbeitnehmerüberlassungsgesetz
Arbeitnehmer-Entsendegesetz
Arbeitsschutzgesetz
Jugendarbeitsschutzgesetz
Berufsbildungsgesetz
Betriebsrentengesetz

Privatrecht

Bürgerliches Recht

EU

Verordnung über das auf vertragliche Schuldverhältnisse anzuwendende Recht (Rom I-VO)
Verordnung über das auf außervertragliche Schuldverhältnisse anzuwendende Recht (Rom II-VO)
Verordnung über die Zuständigkeit, das anwendbare Recht, die Anerkennung und Vollstreckung von Entscheidungen und die Zusammenarbeit in Unterhaltssachen (EuUnterhVO)
Verordnung über die Zuständigkeit, das anwendbare Recht, die Anerkennung und Vollstreckung von Entscheidungen und die Annahme und Vollstreckung öffentlicher Urkunden in Erbsachen sowie zur Einführung eines Europäischen Nachlasszeugnisses (EuErbVO)

Bund

Bürgerliches Gesetzbuch
Einführungsgesetz zum Bürgerlichen Gesetzbuch
Allgemeines Gleichbehandlungsgesetz
Personenstandsgesetz
Versorgungsausgleichsgesetz
Wohnungseigentumsgesetz
Erbbaurechtsgesetz
Produkthaftungsgesetz

Länder

Nachbargesetze der Länder

Handels- und Gesellschaftsrecht

EU

Verordnung über das Statut der Europäischen Gesellschaft (SE-VO)

Bund

Handelsgesetzbuch

GmbH-Gesetz

Aktiengesetz

Genossenschaftsgesetz

Umwandlungsgesetz

Partnerschaftsgesellschaftsgesetz

Wertpapier-, Bank- und Börsenrecht

Bund

Scheckgesetz

Wechselgesetz

Wertpapiererwerbs- und Übernahmegesetz

Börsengesetz

Depotgesetz

Gewerblicher Rechtsschutz

EU

Verordnung zur Durchführung der in Art. 81 und 82 EUV niedergelegten Wettbewerbsregeln

Gruppenfreistellungsverordnungen

Bund

Gesetz gegen den unlauteren Wettbewerb

Gesetz gegen Wettbewerbsbeschränkungen (Kartellgesetz)

Geschäftsgeheimnisgesetz

Markengesetz

Designgesetz

Patentgesetz

Gebrauchsmustergesetz

Urheberrechtsgesetz

Verlagsgesetz

B. Grundgesetz für die Bundesrepublik Deutschland

Gliederung

Nichtamtliche Inhaltsübersicht
Präambel
I. Die Grundrechte

II. Der Bund und die Länder

Art.

Anhang: Gemäß Art. 140 GG weitergeltende Artikel der Weimarer Rechtsverfassung

C. Der Weg der Gesetzgebung des Bundes

Die Gesetzesinitiative kann von der Bundesregierung, vom Bundesrat oder von Mitgliedern des Bundestages ausgehen. In der größten Zahl der Fälle werden Gesetzesentwürfe von der **BUNDESREGIERUNG** vorgelegt. Regierungsvorlagen werden von den Referenten in den Ministerien ausgearbeitet, zusammen mit einer Begründung über den federführenden Minister dem Kabinett unterbreitet und von diesem beraten. Im Falle der Billigung legt die Bundesregierung sie dem **BUNDESRAT** vor, der in diesem sog. „Ersten Durchgang" dazu Stellung nehmen und Änderungsvorschläge machen kann. Zusammen mit diesen reicht der Bundesrat die Vorlage über die Bundesregierung, die gegebenenfalls zu diesen Änderungsvorschlägen ihrerseits begründete Stellung nimmt, an den **BUNDESTAG** weiter, der in drei Lesungen über die Vorlage berät. Der Bundestag kann die Vorlage zur Vorbereitung seiner Beratungen auch an einen oder mehrere Ausschüsse verweisen. In jeder Lesung wird über die Vorlage abgestimmt. Bei einfacher Mehrheit und in Ausnahmefällen bei Zweidrittelmehrheit ist das Gesetz angenommen und wird nunmehr wiederum dem **BUNDESRAT** vorgelegt. Der weitere Gang des parlamentarischen Verfahrens ist abhängig von der Frage, ob es sich handelt um

ZUSTIMMUNGSBEDÜRFTIGE GESETZE* oder um **NICHT ZUSTIMMUNGSBEDÜRFTIGE GESETZE**

Stimmt der Bundesrat nicht ausdrücklich zu, so ist das Gesetz **GESCHEITERT**

Stimmt der Bundesrat dem Gesetz zu, so wird es nach Gegenzeichnung durch den für die Vorlage zuständigen Ressortminister oder den Kanzler vom **BUNDESPRÄSIDENT** ausgefertigt und im **BUNDESGESETZBLATT** verkündet.

Verzichtet der Bundesrat auf Anrufung des Vermittlungsausschusses, so wird das Gesetz nach Gegenzeichnung durch Ressortminister oder Kanzler vom **BUNDESPRÄSIDENT** ausgefertigt und im **BUNDESGESETZBLATT** verkündet.

Ruft der Bundesrat den **VERMITTLUNGSAUSSCHUSS** an, so kann das Verfahren je nach dessen und nach der anschließenden Stellungnahme von Bundesrat und Bundestag verschiedene Wege gehen.

---

* Auch diese kann der Bundesrat an den *Vermittlungsausschuss* leiten, was jedoch die Zustimmungsbedürftigkeit nicht berührt. Ebenso sind Bundestag und Bundesregierung befugt, wegen solcher Vorlagen die Einberufung des Vermittlungsausschusses zu verlangen.

D. Überblick über das gesamte Gerichtswesen[1]

und die regelmäßige Besetzung der Gerichte
(● = Berufsrichter,
○ = ehrenamtliche Richter)

Ordentliche Gerichtsbarkeit (Ziv. = Zivilsachen Str. = Strafrecht)	Allgem. Verwaltungsgerichtsbarkeit	Arbeitsgerichtsbarkeit	Sozialgerichtsbarkeit	Finanzgerichtsbarkeit
Amtsgericht Ziv. ● Str.[1] ● od. ○●○ od. ○●●○	Verwaltungsgericht[6] ● od. ○●●●○	Arbeitsgericht ○●○	Sozialgericht ○●○	
Landgericht Ziv.[2] ● od. ●●● od. ○●○ Str.[3] ○●○ od. ○●●○ od. ○●●●○				
Oberlandesgericht Ziv.[4] ● od. ●●● Str.[5] ●●● od. ●●●●●	Oberverwaltungsgericht (Verwaltungsgerichtshof) ●●● (nach Landesr. auch ●●●●● od. ○●●●○ od. ○●●●●●○)	Landesarbeitsgericht ○●○	Landessozialgericht ○●●●○	Finanzgericht[7] ● od. ○●●●○
Bundesgerichtshof ●●●●●	Bundesverwaltungsgericht ●●●●●	Bundesarbeitsgericht ○●●●○	Bundessozialgericht ○●●●○	Bundesfinanzhof ●●●●●
	Bundesverfassungsgericht[8] ●●● ●●●●●●●●			

Siehe ferner die Stichwörter
Bundespatentgericht
Disziplinargerichte

[1] Strafrichter
Schöffengericht
erweit. Schöffengericht
[2] Einzelrichter/Vors. der Kammer f. Handelssachen
Zivilkammer
Kammer f. Handelssachen
[3] kleine Strafkammer
kleine od. große Strafkammer
große Strafkammer od. Schwurgericht
[4] Einzelrichter
Zivilsenat
[5] Strafsenat (Rechtsmittel- oder 1. Instanz)
[6] Einzelrichter
Kammer
[7] Einzelrichter
Senat
[8] Kammer
Senat

[1] Zur Rolle des Bayerischen Obersten Landesgerichts vgl. das zugehörige Stichwort.

E. Der Rechtsmittelzug in Zivilsachen[1]

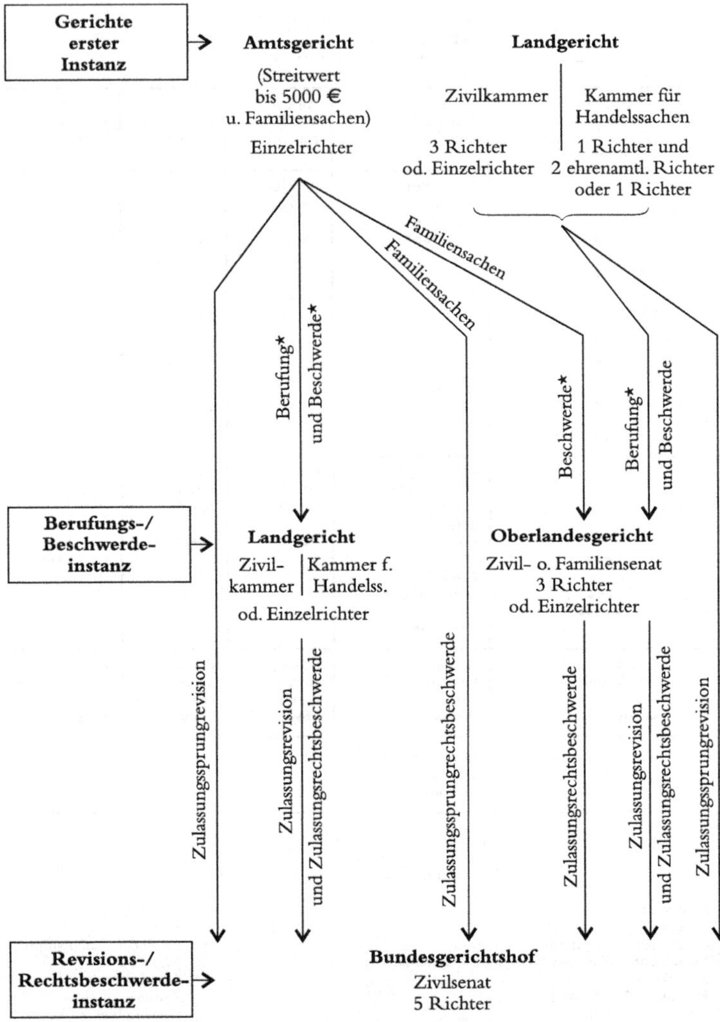

* Voraussetzung ist Beschwerdewert über 600 € oder Zulassung durch das erstinstanzliche Gericht.

[1] Zur Rolle des Bayerischen Obersten Landesgerichts vgl. das zugehörige Stichwort.

F. Der Rechtsmittelzug in Strafsachen[1]

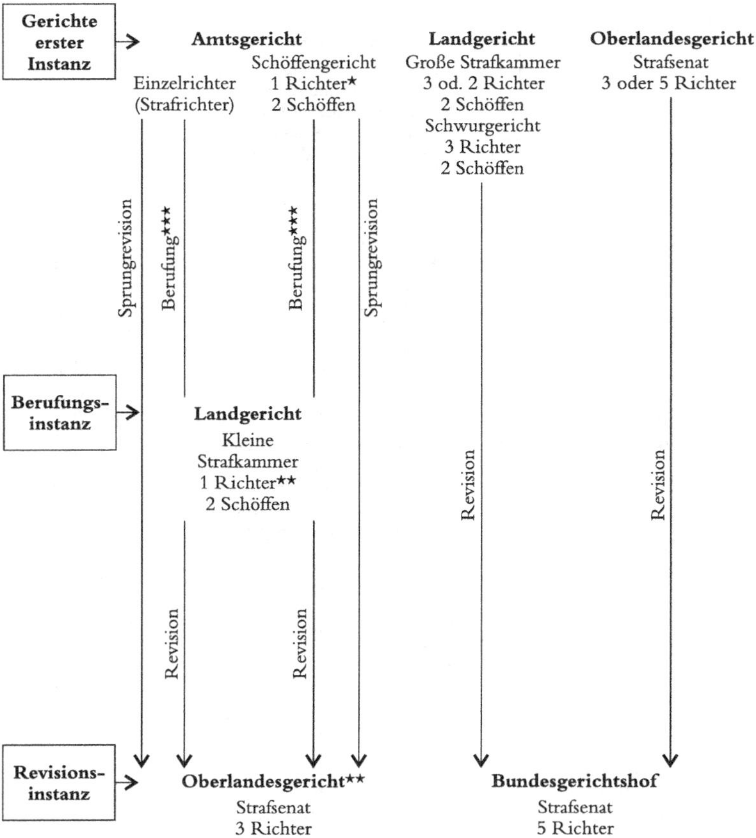

* Auf Antrag der Staatsanwaltschaft kann bei umfangreichen Sachen ein zweiter Richter zur Hauptverhandlung zugezogen werden (Erweitertes Schöffengericht).
** 2 Richter bei Berufungen gegen Urteile des Erweiterten Schöffengerichts.
*** In den Fällen des § 313 I StPO ist Annahme erforderlich.

[1] Zur Rolle des Bayerischen Obersten Landesgerichts vgl. das zugehörige Stichwort.

G. Der Rechtsmittelzug im Verfahren vor den Arbeitsgerichten

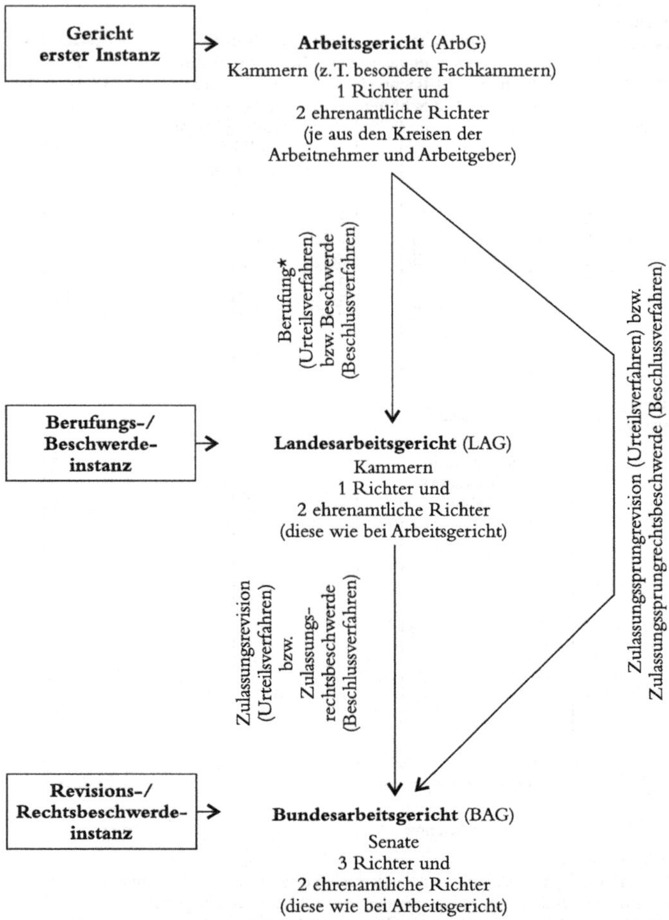

Ausnahmen: Entscheidung über Wirksamkeit einer Allgemeinverbindlicherklärung und ähnliche VO § 98 ArbGG, LAG erste Instanz, Rechtsbeschwerde an das BAG, ebenso über Tariffähigkeit oder -zuständigkeit einer Gewerkschaft (§ 97 ArbGG).

* Voraussetzung ist Beschwerdewert über 600 EUR, Streit über Bestehen, Nichtbestehen oder Kündigung eines Arbeitsverhältnisses oder Zulassung durch das Arbeitsgericht (§ 64 II ArbGG).

H. Der Rechtsmittelzug im Verfahren vor den Verwaltungsgerichten[1]

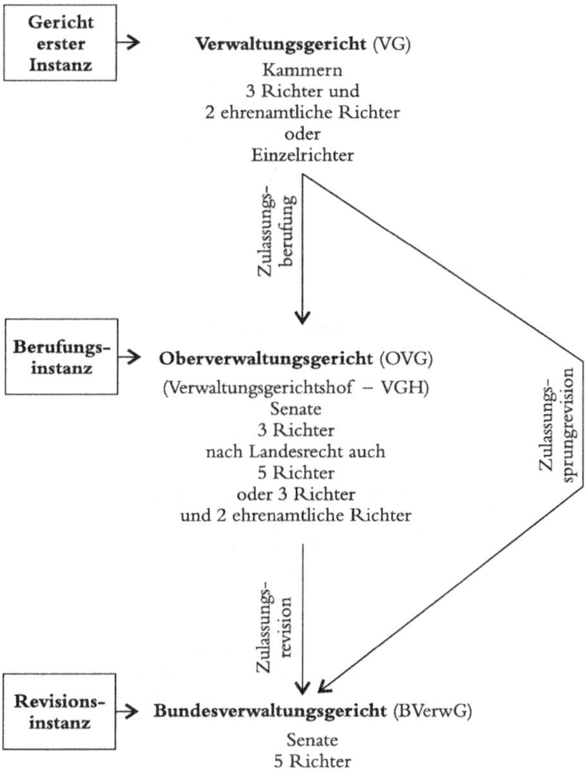

Zur Zuständigkeit

a) des Oberverwaltungsgerichts (Verwaltungsgerichtshofs) in erster Instanz vgl. §§ 47, 48 VwGO

b) des Bundesverwaltungsgerichts in erster und letzter Instanz vgl. § 50 VwGO

[1] Zur Rolle des Bayerischen Obersten Landesgerichts vgl. das zugehörige Stichwort.

I. Der Rechtsmittelzug im Verfahren vor den Sozialgerichten

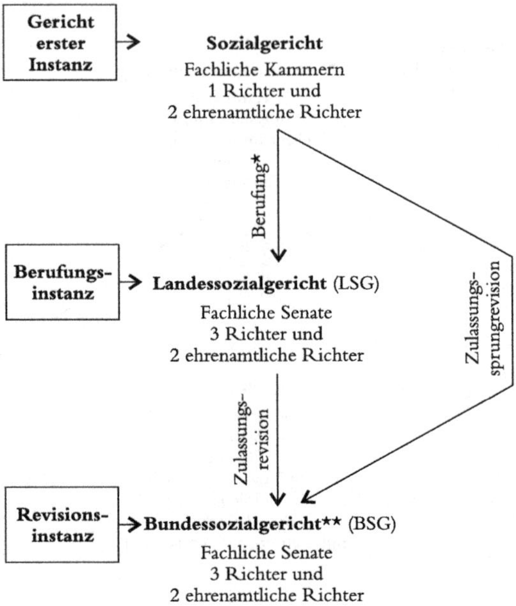

* In den Fällen des § 144 I 1 SGG ist Zulassung erforderlich.

** Das Bundessozialgericht entscheidet im ersten und letzten Rechtszug über Streitigkeiten nicht verfassungsrechtlicher Art zwischen dem Bund und den Ländern sowie zwischen verschiedenen Ländern in Angelegenheiten der Sozialversicherung etc.

J. Der Rechtsmittelzug im Verfahren vor den Finanzgerichten

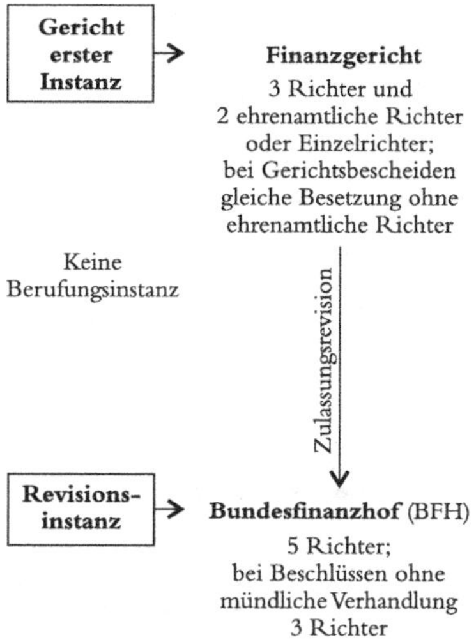

K. Die gesetzliche Erbfolge

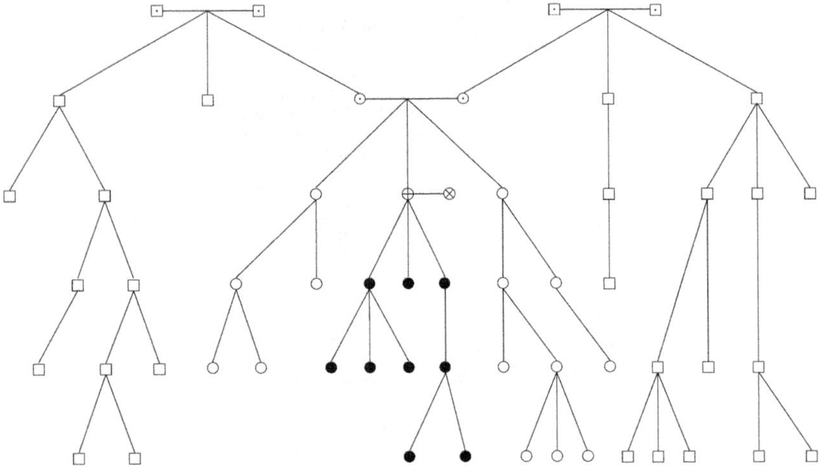

⊕ = Erblasser ⊗ Ehegatte des Erblassers (gehört keiner Ordnung an) ⊙ – ⊙ Eltern des Erblassers ⊡ – ⊡ Großeltern des Erblassers
● Angehörige der I. Ordnung ○ Angehörige der II. Ordnung □ Angehörige der III. Ordnung

L. Beispiele für Prozesskosten

I. Zivilprozess

Die nachstehenden Kostenbeträge umfassen (in Euro) einen Prozess (ohne Zwangsvollstreckung), in dem beide Parteien durch Rechtsanwälte vertreten sind und in allen 3 Instanzen durch Urteil entschieden wird. Hinzu kommen die Kosten der Beweisaufnahme. Hierfür sind bei am selben Ort wohnenden Zeugen je rund 100 EUR, bei Sachverständigengutachten (je nach Zeitaufwand und Honorargruppe, → Sachverständiger) mindestens 500 EUR bis mehrere 1000 EUR anzusetzen. Ferner sind Reisekosten hinzuzurechnen.

1. Erste Instanz (Amtsgericht oder Landgericht)

Streitwert von EUR	Gerichtsgebühr (dreifach)	Gebühren für 2 Anwälte – Verfahrensgebühr 1,3-fach, Terminsgebühr 1,2-fach – (hinzu kommen 20 EUR Auslagenpauschale je Anwalt und 19% Mehrwertsteuer)	Beweisaufnahmekosten EUR	insgesamt rund EUR
300	105	225	mindestens	500
1500	213	575	100	1050
5000	438	1515		2400
10000	723	2790		4200
50000	1638	5815		8750
110000	3078	7515		12200
500000	10608	16065		29900

II. In 2 Instanzen (Amtsgericht und Landgericht; Landgericht und Oberlandesgericht)

In der Berufungsinstanz fällt die Gerichtsgebühr vierfach an. Die anwaltliche Verfahrensgebühr erhöht sich auf das 1,6-Fache; die Terminsgebühr bleibt 1,2-fach. Das Kostenrisiko erhöht sich bei einem

Streitwert von	auf insgesamt rund
5000	5100
50000	18800
110000	26500
500000	65600

III. In 3 Instanzen. In der Revisionsinstanz fällt die Gerichtsgebühr fünffach an. Die anwaltliche Verfahrensgebühr beträgt 2,3; die Terminsgebühr erhöht sich auf das 1,5-Fache. Das Kostenrisiko des Prozesses erhöht sich bei einem

Streitwert von	auf insgesamt rund
50000	32000
110000	45000
500000	112000

II. Arbeitsgerichtsprozess

Ein Rechtsstreit vor den Arbeitsgerichten ist in erster Instanz wesentlich billiger als ein Zivilprozess vor den ordentlichen Gerichten. Die Gerichtsgebühr fällt zwar wie im Zivilprozess (oben A) an; doch ist der Streitwert des Verfahrens im Regelfall geringer und es muss kein Vorschuss geleistet werden. So ist zB der Streitwert einer Kündigungsschutzklage höchstens auf das Arbeitsentgelt eines Vierteljahres festzusetzen; eine zugleich vereinbarte Abfindung wird auch für einen Vergleichswert nicht hinzugerechnet. Da kein Anwaltszwang besteht und die Kosten eines Prozessbevollmächtigten im Fall eines verlorenen Prozesses dem Gegner nicht zu erstatten sind, fallen Anwaltskosten nur für den an, der sich eines Rechtsanwalts bedient. Für das Zwangsvollstreckungsverfahren jedoch sind wie vor den ordentlichen Gerichten die Anwaltskosten dem obsiegenden Gegner zu erstatten. Hinzu kommen Auslagen sowie im Fall einer Beweisaufnahme deren Kosten.

In der Berufungs- und Revisionsinstanz gelten – vom (niedrigeren) Streitwert und dem Wegfall der Vorschusspflicht abgesehen – keine Besonderheiten. Zu der Gerichtsgebühr kommen idR Anwaltsgebühren in üblicher Höhe, die auch dem obsiegenden Gegner zu erstatten sind.

III. Strafprozess

1. Gerichtskosten

a. Gerichtsgebühren. Ihre Höhe richtet sich nach der rechtskräftig erkannten Strafe.

aa) Sie beträgt im *erster Instanz* für das Verfahren mit Urteil bei Verurteilung zu

Freiheitsstrafe	bis zu	6 Monate	140 EUR
		1 Jahr	280 EUR
		2 Jahren	420 EUR
		4 Jahren	560 EUR
		10 Jahren	700 EUR
	von mehr als 10 Jahren oder lebenslanger Freiheitsstrafe		1000 EUR
Geldstrafe	bis zu 180 Tagessätzen		140 EUR
	von mehr als 180 Tagessätzen		280 EUR

Bei einem Strafbefehl (ohne Urteilsverfahren) ist der Satz der Gebühr 0,5.

bb) Für das *Berufungsverfahren* beträgt der Satz der Gebühr 1,5, ohne Urteil 0,5.

cc) Für das *Revisionsverfahren* ist der Satz der Gebühr 2,0, ohne Urteil oder ohne Beschluss gemäß § 349 II oder IV StPO 1,0.

b. Auslagen. Das sind idR die Kosten für die Entschädigung der Zeugen und Sachverständigen.

2. Anwaltskosten

a. Anwaltsgebühren. Sie sind Rahmengebühren und richten sich zumeist danach, vor welchem Gericht das Verfahren stattfindet. IdR wird mindestens die Mittelgebühr (die Mitte zwischen Mindest- und Höchstgebühr) gefordert. Davon unabhängige Honorarvereinbarungen, die höher liegen, sind zulässig und weitgehend üblich. Es entstehen für einen Wahlanwalt folgende Gebühren:

aa) Allgemeine Gebühren	
Grundgebühr	40–360 EUR
Gebühr für die Teilnahme an bis zu 3 Terminen außerhalb der Hauptverhandlung	40–300 EUR
bb) Vorbereitendes Verfahren	
Verfahrensgebühr	40–290 EUR
cc) Erster Rechtszug	
Verfahrensgebühr	
– vor dem Amtsgericht	40–290 EUR
– vor der Strafkammer	50–320 EUR
– vor dem Oberlandesgericht, dem Schwurgericht oder der Strafkammer nach §§ 74a und 74c GVG	100–690 EUR
Terminsgebühr je Hauptverhandlungstag	
– vor dem Amtsgericht	70–480 EUR
– vor der Strafkammer	80–560 EUR
– vor dem Oberlandesgericht, dem Schwurgericht oder der Strafkammer nach §§ 74a und 74c GVG	130–930 EUR
dd) Berufung	
Verfahrensgebühr	80–560 EUR
Terminsgebühr je Hauptverhandlungstag	80–560 EUR
ee) Revision	
Verfahrensgebühr	120–1110 EUR
Terminsgebühr je Hauptverhandlungstag	120–560 EUR

Befindet sich der Beschuldigte nicht auf freiem Fuß, fallen die Gebühren, ausgenommen die Grundgebühr, mit Zuschlag an, so dass sich der jeweilige Höchstbetrag erhöht.

b. Auslagen. Das sind Entgelte für Dokumente, insbes. Kopien und Ausdrucke, sowie für Post- und Telekommunikationsdienstleistungen, Fahrtkosten, Tage- und Abwesenheitsgeld, sonstige Auslagen anlässlich einer Reise und 19% Umsatzsteuer auf die Vergütung.

IV. Sonstige Prozesse

1. Im Verfahren vor den *Verwaltungsgerichten* gelten sowohl dieselben Gerichtskosten als auch dieselben Anwaltsgebühren wie in den allgemeinen Zivilsachen. Der Streitwert ist gemäß § 52 I GKG nach der sich aus dem Antrag des Klägers für ihn ergebenden Bedeutung der Sache nach Ermessen zu bestimmen. Bietet der Sach- und Streitstand für die Bestimmung des Streitwertes keinen genügenden Anhaltspunkt, so ist nach § 52 II GKG ein pauschaler Streitwert von 5000 EUR anzunehmen. In Verfahren nach dem Vermögensgesetz (→ offene Vermögensfragen) ist der Streitwert nach oben auf 500 000 EUR beschränkt (§ 52 IV GKG). In beamtenrechtlichen Streitigkeiten über Bestehen oder Nichtbestehen eines Beamtenverhältnisses auf Lebenszeit bemisst sich der Streitwert nach dem 13-fachen Betrag des Monatsendgrundgehaltes zuzüglich etwaiger ruhegehaltfähiger Zulagen

2. Im Verfahren vor den *Sozialgerichten* fallen idR – insbes. für den beteiligten Bürger – keine Gerichtskosten an (vgl. → Sozialgerichtsbarkeit, 5; §§ 183 ff. SGG). Soweit das Verfahren gerichtskostenpflichtig ist; ist der Streitwert gemäß § 52 IV GKG auf 2 500 000 EUR begrenzt; im übrigen berechnen sich die Gerichtskosten wie in allgemeinen Zivilsachen. In den sozialgerichtlichen Verfahren, in denen keine Gerichtskosten anfallen (also insbes. bei Beteiligung von Versicherten, Leistungsempfängern, Hinterbliebenenleistungsempfängern, Behinderten und deren Ehegatten, Eltern, Kinder sowie Haushaltsführer als Sonderrechtsnachfolger), entsteht
   a) in der ersten Instanz vor dem Sozialgericht als Anwaltsgebühr jeweils als Betragsrahmengebühr eine Verfahrensgebühr iHv 50,00 bis 550,00 EUR und eine Terminsgebühr iHv 50,00 bis 510,00 EUR,
   b) in der Berufungsinstanz vor den Landessozialgerichten eine Verfahrensgebühr iHv 60,00 bis 680,00 EUR und eine Terminsgebühr iHv 50,00 bis 510,00 EUR und
   c) in der Revisionsinstanz vor dem Bundessozialgericht eine Verfahrensgebühr iHv 80,00 bis 880,00 EUR und eine Terminsgebühr iHv 80,00 bis 830,00 EUR

   Nach § 14 RVG ist bei der Bemessung der Gebühr innerhalb des Rahmens u. a. das Haftungsrisiko zu berücksichtigen. Soweit das sozialgerichtliche Verfahren gerichtskostenpflichtig ist, bemisst sich die Anwaltsgebühr wie in allgemeinen Zivilsachen nach dem Streitwert (§ 3 I 2 RVG).
3. Im Verfahren vor den *Finanzgerichten* bemessen sich Gerichtskosten und Anwaltsgebühren grundsätzlich ebenso wie in allgemeinen Zivilsachen. Dabei sind allerdings zwei Besonderheiten zu beachten. Nach § 52 IV GKG ist der Streitwert jeweils mit mindestens 1000 anzusetzen. In der Verhandlung vor den Finanzgerichten ist bereits wie in der Berufungsinstanz die vierfache Gerichtsgebühr und hinsichtlich der Anwaltsgebühren die 1,6-fache Verfahrensgebühr und die 1,2-fache Berufungsgebühr anzusetzen. Für die Revisionsinstanz gelten die Sätze wie in allgemeinen Zivilsachen.
4. In Verfahren der *freiwilligen Gerichtsbarkeit* richten sich die Gerichtskosten in Familiensachen (Gebühren und Auslagen) nach dem FamGKG v. 17.12.2008 (BGBl. I 2586, 2666) mÄnd. Diese sowie die zur Durchführung des Verfahrens notwendigen Aufwendungen der Beteiligten kann das Gericht grdsätzl. nach seinem Ermessen verteilen (§ 80 FamFG); die Kosten eines von vorneherein unbegründeten Antrags oder eines erfolglosen Rechtsmittels sollen dem Beteiligten auferlegt werden, der sie veranlasst hat (§§ 81, 84 FamFG). Besonderheiten gelten in einzelnen Verfahrensarten; so sind zB bei einer Ehescheidung die Kosten der Scheidungssache und der Folgesachen gegeneinander aufzuheben (§ 150 FamFG, → Kostenpflicht).
5. In Verfahren vor dem *Bundesverfassungsgericht* entstehen grundsätzlich keine Gerichtskosten. Das Gericht kann aber bei Erfolglosigkeit einer Verfassungsbeschwerde dem Beschwerdeführer eine Missbrauchsgebühr bis 2600 EUR auferlegen (§ 34 BVerfGG). Der Rechtsanwalt erhält in Verfahren über die Verwirkung von Grundrechten, den Verlust des Stimmrechts, den Ausschluss von Wahlen und Abstimmungen, über die Verfassungswidrigkeit von Parteien, Anklagen gegen den Bundespräsidenten, gegen ein Regierungsmitglied eines Landes oder gegen einen Abgeordneten oder Richter Anwaltsgebühren wie bei Revisionen in Strafsachen (s. oben C); in den übrigen Verfahren entspricht die Berechnung der Anwaltsgebühren der bei der Revision in Zivilsachen, wobei der nach billigem Ermessen zu bestimmende Streitwert mindestens 4000 EUR beträgt.

M. Übersicht über die Sozialversicherung

Versicherungszweig	Träger	Versicherungspflichtgrenze	Finanzierung	Aufsicht
Krankenversicherung	Orts-, Betriebs-, Innungskrankenkassen, Bundesknappschaft, Ersatzkassen	für Arbeitnehmer unterschiedliche Arbeitsentgeltgrenzen, die durch Rechtsverordnung jährlich festgesetzt werden.	Beiträge der Arbeitgeber und der Arbeitnehmer; Bundeszuschüsse	Versicherungs- und Oberversicherungsämter (bzw. Landesaufsichtsämter), Arbeitsmin. der Länder, Bundesvers.-Amt
Krankenversicherung der Landwirte	Landwirtschaftl. Krankenkassen	keine	Beiträge und Bundeszuschüsse	Arbeitsmin. der Länder, Bundesversicherungsamt
Unfallversicherung	Berufsgenossenschaften, Ausführungsbehörden, Gemeindeunfallversicherungsverbände	Jahresarbeitsverdienstgrenze in unterschiedlicher Höhe	Umlagen der Unternehmer, in der Unfallvers. des Bergbaus und der Landwirtschaft auch Bundeszuschüsse	Arbeitsmin. der Länder, Bundesversicherungsamt
Rentenversicherung (allgemeine) Rentenversicherung Bund (Grundsatzaufgaben und Querschnittsaufgaben)	Deutsche Rentenversicherung Bund, Deutsche Rentenversicherung Knappschaft-Bahn-See, Regionalträger	keine	Beiträge der Arbeitgeber und der Arbeitnehmer; Bundeszuschüsse	Arbeitsmin. der Länder, Bundesversicherungsamt BMAS hinsichtlich Rentenversicherung Bund für Grundsatzaufgaben und Querschnittsaufgaben
Knappschaftliche Rentenversicherung	Deutsche Rentenversicherung Knappschaft-Bahn-See	keine	Beiträge: Arbeitnehmer in gleicher Höhe wie in der allgemeinen Rentenversicherung, im Übrigen Arbeitgeber und Bundeszuschüsse	Bundesversicherungsamt
Alterssicherung für Landwirte	Landwirtschaftl. Alterskassen	keine	Beiträge der Unternehmer und Bundeszuschüsse	Arbeitsmin. der Länder, Bundesversicherungsamt
Pflegeversicherung	Pflegekassen, Bundesknappschaft	keine	Beiträge der Arbeitgeber und der Arbeitnehmer	wie Krankenversicherung
Arbeitsförderung (Arbeitslosenversicherung)	Bundesagentur für Arbeit	keine	Beiträge der Arbeitgeber und Arbeitnehmer, Umlagen, Bundesmittel	Bundesmin. für Arbeit und Soziales

N. Übersicht über die Renten der gesetzlichen Rentenversicherung

Rentenart	Wartezeit	sonstige Voraussetzungen
Regelaltersrente	5 Jahre	Vollendung des 65. Lebensjahres, ansteigend auf das 67. Lebensjahr
Altersrente für langjährig Versicherte	35 Jahre	Vollendung des 62. Lebensjahres (für Versicherte, die nach dem 31.12.1936 geboren sind, wird die Altersgrenze stufenweise angehoben)
Altersrente für besonders langjährig Versicherte	45 Jahre	geboren vor dem 1.1.1953, Vollendung des 65. Lebensjahres, 45 Pflichtbeitragsjahre (ohne Beiträge wegen Bezugs von Arbeitslosengeld II und Arbeitslosenhilfe), bei einem Rentenbeginn ab 1.7.2014 reicht die Vollendung des 63. Lebensjahres aus
Altersrente für schwerbehinderte Menschen	35 Jahre	Vollendung des 63. Lebensjahres, ansteigend auf das 65. Lebensjahr, Anerkennung als schwerbehinderter Mensch; die vorzeitige Inanspruchnahme einer solchen Rente nach Vollendung des 60. Lebensjahres ist möglich
Altersrente wegen Arbeitslosigkeit oder nach Altersteilzeitarbeit	15 Jahre	geboren vor dem 1.1.1952, Vollendung des 60. Lebensjahres, ansteigend auf das 61. Lebensjahr, 52 Wochen innerhalb der letzten 1 Jahre und weiterhin arbeitslos, in den letzten 10 Jahren 8 Pflichtbeitragsjahre
Altersrente für Frauen	15 Jahre	geboren vor dem 1.1.1952, Vollendung des 60. Lebensjahres, ansteigend auf das 61.Lebensjahr, nach dem 40. Lebensjahr mehr als 10 Pflichtbeitragsjahre. Eine erstmalige Rentenbewilligung nach dem 1.1.2017 ist nicht möglich, weil dann bereits das Alter für eine Regelaltersrente erfüllt ist.
Altersrente für langjährig unter Tage beschäftigte Bergleute	25 Jahre	Vollendung des 60. Lebensjahres, ansteigend auf das 62.Lebensjahr
Rente wegen teilweiser Erwerbsminderung	5 Jahre	in den letzten 5 Jahren 3 Pflichtbeitragsjahre, teilweise Erwerbsminderung
Rente wegen voller Erwerbsminderung	5 Jahre	in den letzten 5 Jahren 3 Pflichtbeitragsjahre, volle Erwerbsminderung
Rente für Bergleute	5 Jahre	in den letzten 5 Jahren 3 knappschaftliche Pflichtbeitragsjahre, verminderte bergmännische Berufsunfähigkeit
Kleine Witwen- oder Witwerrente	5 Jahre (erfüllt durch den Ehegatten)	Tod des Ehegatten, keine Wiederheirat
Große Witwen- oder Witwerrente	5 Jahre (erfüllt durch den Ehegatten)	Tod des Ehegatten, keine Wiederheirat, Erziehung eines Kindes oder Vollendung des 45. Lebensjahres oder Erwerbsminderung
Erziehungsrente	5 Jahre	Scheidung, Erziehung eines Kindes, keine Wiederheirat
Vollwaisen- und Halbwaisenrente	5 Jahre (erfüllt durch den Verstorbenen)	Tod eines oder beider Elternteile, Altersgrenzen

ISBN 978 3 406 77572 7